AF592090

# LE
# COMMERÇANT
# POLITIQUE.

# LE COMMERÇANT POLITIQUE.

*A LONDRES;*

Et se trouve à Paris, chez VENTE, Libraire, au bas de la Montagne Sainte-Genevieve.

M. DCC. LXVIII.

# LE COMMERÇANT POLITIQUE.

La jaloufie, l'orgueil, l'intérêt, toutes les paffions qui divifent les Particuliers entr'eux, agitent également les Sociétés. Les unes fe préparent à l'attaque, les autres à la défenfe. Souvent une même émulation leur infpire à la fois le même deffein de s'abaiffer, & s'envahir réciproquement. Chaque parti s'étudie à revêtir fes projets de l'apparence de juste, & à répandre l'envie sur ceux de son rival. Il cherche à gagner des Alliés, afin d'augmenter ses forces, ou d'arrêter l'accroissement de celles qu'il aura à combattre; il les séduit, soit par des motifs de leur propre conservation, soit par l'espérance de partager avec eux les fruits de la victoire, ou par l'autorité que donne la réputation. On fait valoir la fidélité dans les engagemens, la constance dans les adversités, la modération dans les bons succès, le désintéressement en faveur de l'union & de la cause commune, la sagesse de ses conseils, la force de ses armées de terre & de mer, les opérations qu'elles peuvent entreprendre, l'abondance des ressources, en cas que la fortune se joue des entraves que la prévoyance humaine a voulu lui donner. On met en jeu en même-tems tout ce qui peut tendre à décrier le parti contraire, à ralentir l'activité de ceux qui lui sont affectionnés, à éloigner de lui, la confiance des indifférens, ou à fomenter les animosités secretes.

Le succès de ces moyens généraux est souvent déterminé par une infinité de petites causes particulieres, quelquefois peu dignes d'être associées aux grands intérêts des Nations;

mais d'autant plus sûres, lorsqu'on sait les faire agir, qu'elles sont moins avouées, que leur influence n'a pas été prévue, ou n'éclate que par des effets extraordinaires. Ainsi, les passions, les foiblesses, les vertus, l'esprit, les talens des Princes, de leurs Ministres, de leurs agens subordonnés, & de tout ce qui les environne, entrent dans les combinaisons formées pour faire réussir avec succès les projets d'un Etat. L'art de placer le plan de ces entreprises, de connoître, d'assembler les différens ressorts qu'il convient de mettre en action, pour tirer de chacun d'eux, l'action qui lui est propre : cet art est compris ſous la dénomination particuliere de *politique*.

Cette ſcience renferme deux parties : l'une, eſt la combinaiſon générale ; l'autre, l'exécution des détails. La premiere, infiniment ſupérieure à la ſeconde, par l'étendue & la profondeur des vues qu'elle ſuppoſe, caractériſe proprement l'homme d'Etat. La ſeconde, dans laquelle on peut réuſſir, par des défauts même qui excluroient pour toujours de la premiere, mais qui peut auſſi y conduire par degrés, conſtitue le Négociateur. Soit que l'on conſidere la politique dans ces deux parties, ou dans une ſeule ſéparément, il eſt évident, qu'indépendamment des talens naturels, auxquels rien ne peut ſuppléer, il eſt indiſpenſable, avant d'entrer dans cette carriere, de ſe former par des études ſérieuſes & préliminaires, celle de l'hiſtoire, celle des traités & des conventions qui lient les Etats entre eux : la connoiſſance générale de leurs prétentions & de leurs intérêts, relativement aux poſitions où ils ſe trouvent, ſemble être l'introduction naturelle à la ſcience politique. On paſſe enſuite à des recherches plus particulieres, ſur la conſtitution des gouvernemens, ſur les loix civiles & politiques qui y ont rapport, ſur le génie des nations gouvernées, ſur l'intérêt qui lie ou déſunit le peuple & le Souverain. La connoiſſance des langues, une grande habitude des hommes, paroiſſent pour l'ordinaire, achever de mettre un homme en état de prétendre aux emplois. Il s'en faut même beaucoup que tous ſe préſentent auſſi-bien préparés ; on ne manque point de gens qui croient qu'un grand nom tient lieu des connoiſſances acquiſes ; qui confondent la hauteur avec la dignité, l'inconſtance avec la flexibilité du caractere, l'impuiſſance de ſe taire avec la facilité de parler, la ruſe avec la dextérité, l'intrigue de la tracaſſerie avec la combinaiſon & les reſſources du génie. Ces perſonnes ont entendu dire que les graces de l'extérieur ſont d'un avantage infini, & ſe perſuadent avec confiance qu'elles ſuffiſent ; c'eſt, comme ſi l'on faiſoit conſiſter l'éloquence dans le choix des termes, dans le nombre & l'harmonie des périodes. Dans l'un & l'autre cas, le prétendu talent dégénere en affectation ridicule, & devient l'indice le plus certain d'une incapacité abſolue. Je ne m'arrête point à juſtifier à des hommes de ce caractere, le refus qu'ils doivent eſſuyer : il leur ſuffira de ſavoir qu'une des plus importantes parties du miniſtere eſt le diſcernement dans le choix des ſujets, & que les deſſeins les mieux conçus avortent honteuſement dans les mains d'un agent médiocre. Mon deſſein eſt de faire connoître à ceux qui ſe préparent par le travail & l'application à entrer dans la carriere de la politique, qu'ils ne peuvent négliger en sûreté, l'étude du Commerce & des Finances. Je montrerai enſuite de quelle étendue ſont ces connoiſſances pour les hommes d'Etat. C'eſt une vérité commune que je me propoſe de traiter, je le ſçais; mais elle ſe trouve du nombre de celles dont les hommes en général conviennent, & dont très-peu font uſage. Il eſt utile d'en répéter les preuves, pour les arracher, s'il eſt poſſible, à leur inconſéquence. Sans m'attacher à un choix d'idées neuves, je me contenterai de raſſembler en abrégé les principes généraux ſur leſquels doivent rouler les études dont j'ai à parler.

La force poſitive d'une Société conſiſte évidemment dans le nombre des hommes qui la compoſent, & dans la quantité des dépenſes qu'elle eſt en état de faire, pour ſoutenir ſes projets ou ſes entrepriſes. La population ne ſuit pas toujours la proportion de l'étendue des terres occupées par une nation, ni la fertilité de ſes terres ; elle eſt ſouvent au-deſſous , quelquefois au-deſſus ; enfin elle eſt ſujette à des révolutions.

Pour avoir une idée juſte de cette partie des forces d'un pays , pour en rendre un compte exact , il ne ſuffit pas de ſavoir que telle quantité d'hommes l'habite ; il eſt néceſſaire de connoître comment ces hommes ſont occupés & retenus dans le pays , le genre de vie qu'ils menent , de remonter aux cauſes qui arrêtent l'accroiſſement de la population , ou qui la facilitent. Par ces examens , on parviendra même à prévoir les révolutions qui pourront ſurvenir dans cette partie. Ces cauſes, les plus sûres, comme les plus naturelles, dépendent toujours de l'état du Commerce & des Finances. Un pays même fertile ſera d'autant moins cultivé & peuplé, qu'il vendra moins de productions de ſes terres aux étrangers: faute de travailler ſans ceſſe à une ſurabondance, qui, par la diſette de conſommations extérieures, deviendroit onéreuſe, l'abondance néceſſaire au bonheur des habitans vient à ceſſer, les productions étrangeres s'introduiſent, la culture nationale ſe décourage, & dépérit au même inſtant. Le travail de l'induſtrie s'en reſſent néceſſairement, puiſque la pauvreté du

Cultivateur & celle du propriétaire de terres leur interdiſent les moyens de conſommer le fruit du travail des artiſans. Ces artiſans s'expatrient, & leur fuite occaſionne un vuide nouveau dans le produit de la culture nationale, & par conſéquent dans la population. Il peut arriver que les hommes attachés à la terre n'abandonnent pas leur patrie ; mais la dépopulation ne laiſſe pas que de ſe préparer par la diminution du nombre des mariages & de leur fécondité, par l'abrégement que la miſere apporte toujours dans la vie des hommes qu'elle perſécute.

L'adminiſtration dans un pays

peut avoir des idées ſaines ſur l'agriculture, & en faire un objet de commerce,* ſans que l'aiſance du Cultivateur & la population ſe reſſentent abondamment de ce principe utile. On en trouvera la cauſe la plus ordinaire dans la nature, ou la quantité des impôts qui ſe levent ſur le peuple. Si l'induſtrie & le travail n'accroiſſent que les charges, ſans augmenter les propriétés; ſi les beſoins publics abſorbent la ſubſtance deſtinée aux néceſſités particulieres, il eſt impoſſible que les terres jouiſſent de leur plus grand produit, que les hommes ſoient heureux, & que leur propagation ne ſe ralentiſſe. Malgré ces déſordres, la population d'une Société, ſans être auſſi nombreuſe que l'étendue & la fertilité des terres ſembleroient le permettre, pourroit ſe ſoutenir abondante, ſi ſon induſtrie fourniſſoit beaucoup d'ouvrage aux Etrangers. Alors la population des villes ſeroit proportionellement plus forte que celle des campagnes; un tableau de luxe & de faſte ſuccéderoit à un tableau de miſere & d'accablement. Mais on en pourra conclure que le nombre des hommes vraiment propres aux armées de terre eſt diminué; qu'une grande partie de ſa population dépend uniquement de l'accroiſſement ou du déclin de l'induſtrie des peuples auxquels il vend ſes ouvrages. Ce pays aura d'autant plus d'hommes qu'il s'attachera davantage à faire par lui-même toutes les navigations, cabotages, pêches, exportations & importations. Son zèle ou ſon indifférence ſur cet article ſeront la meſure de ſes forces maritimes.

La population & la marine dépendent encore de l'étendue des colonies, de la nature du terrein, des productions, & ſur-tout du progrès ou de la foibleſſe de leur culture, des loix relatives à ces colonies, ſoit, pour les tenir dans la dépendance de la métropole, pour tous les beſoins auxquels celle-ci peut fournir, ſoit pour lui en conſerver le commerce excluſif. Il eſt clair que ſi ces colonies fourniſſoient les mêmes denrées que la métropole, elles établiroient dans ſon commerce une concurrence fâcheuſe, & que loin de procurer du travail à ſes habitans, elle les détruiroit ; la population s'en reſſentiroit. Si au contraire, ces colonies produiſent les denrées qui ſont refuſées au ſol de la métropole, chaque habitant des colonies donne à gagner à ceux du pays de la domination, pour ſe nourrir, ſe vêtir, tranſporter ſes denrées, en faire le commerce intérieur & extérieur. La population de la métropole s'accroîtra donc, tant que celle des colonies aura des motifs pour s'étendre.

Nous ne cherchons ici qu'à établir ces conséquences qui résultent de ces suppositions, pour la population d'un pays que l'on examine, afin de ne point confondre les objets : par l'esprit général de ceux qui gouvernent, de leurs préjugés, de leurs maximes, on pourra prévoir le terme ou la durée de leur aveuglement, de la prospérité, ou du dépérissement insensible de l'Etat.

Si un pays ne peut vendre au-dehors les productions de

ſes terres & de ſon induſtrie, le degré de ſa population dépendra de la bonté du terroir, de la médiocrité des impôts, de la facilité des communications intérieures, & de la force des loix prohibitives ſur les denrées étrangeres.

Il eſt certain que les hommes ſe fixent naturellement dans les lieux qui fourniſſent facilement à leurs beſoins; que plus les citoyens ont de commodités pour faire entr'eux des échanges, plus il y aura de conſommations, de productions & de population. Mais, comme dans l'hypotheſe actuelle, la maſſe de l'argent n'augmente point, l'impôt ne peut augmen-

ter, dès qu'une fois la circula
tion de l'argent & des denrées e
parvenue à ſon plus haut degr
d'activité, & cet impôt do
toujours être proportionné a
profit que donne le travail S
ces combinaiſons ſont perdue
de vue, la population dim
nuera ; mais elle ſe conſervera
ſi l'on ne s'en écarte point ;
moins que la conſommatio
des denrées étrangeres ne vîn
à faire ſortir de la circulation
une partie de l'argent qui s'
trouvoit. Dans ce cas il fau
droit que les denrées, les ſa
laires & les impôts baiſſaſſen
proportionellement, ou bie
les hommes qui manqueroien
de ſubſiſtance, ſortiroient.

Il eſt rare qu'un pays ſe ſuffiſe abſolument à lui-même. Lorſqu'il peut fournir un échange exact pour compenſer ſes achats au-dehors, le degré de ſa population dépend du nombre d'hommes qu'occupe le travail des productions échangées. S'il troque, par exemple, des vins contre des bleds, il aura plus d'habitans que s'il eût fourni les bleds; celui qui vend les productions de la terre miſes en œuvre, contre les productions de la terre en nature, a encore plus d'avantage dans ſa population, & cet avantage augmente proportionnellement, ſuivant que les ouvrages ſont plus précieux.

Il eſt facile de concevoir qu
de pareils examens guidés pa
de bons principes, dévoileron
à celui qui les aura entrepris
une infinité d'idées & de détails qui lui auroient toujour
échappé. Il ſaura, par exemple, juſqu'à quel point un pay
peut faire uſage de ſa popula
tion pendant la guerre; quel
les forces il peut entreteni
pendant la paix, ſans altére
ſa culture, ſon commerce intérieur & extérieur; il parviendra à connoître la proportion
que ce pays peut entretenir
entre ſes forces de terre & de
mer, l'excès des unes & des
autres, les cauſes d'inaction,
de dépériſſement ou d'augmen

tation. Sans ces mêmes examens, il eſt impoſſible de s'en procurer des notions juſtes ; & celui à qui elles manquent, n'a pas rempli ſon objet.

Le petit nombre d'Etats, où la population excede la proportion de l'étendue & de la fertilité des terres, n'en peut être redevable qu'à une grande abondance d'ouvrages pour les étrangers, & preſque toujours à une grande navigation. Ces pays ſubſiſtant naturellement aux dépens des peuples pour leſquels ils travaillent ou naviguent, ſe verroient réduits en un inſtant à leur proportion de population, ou de navigation qui lui appartient. Ces Etats

qui n'ont d'existence que pa
les arts & la paix, ont peu d
forces nationales à faire agi
dans la guerre; & comme ell
est le tombeau de leur indu
trie, elle deviendra nécessair
ment, après quelques efforts
celui de l'Etat même.

Si la force d'une Société dé
pend principalement du nom
bre & du genre des homm
qui la composent, on ne pe
disconvenir que ses richess
seules sont propres à mettre s
forces en action. La riches
du gouvernement est fondée s
la richesse nationale; c'est, po
ainsi dire, une soustraction fai
au profit du Public, sur les pr
priétés de chaque citoyen; l'a

d'opér

d'opérer cette ſouſtraction eſt appellé Finance.

Si la portion prélevée en faveur des beſoins publics, ſur les propriétés du citoyen, diminuoit la facilité de pourvoir à ſes néceſſités particulieres, non-ſeulement il ſeroit très-malheureux, & la population diminueroit; mais il ſeroit abſolument impoſſible que les beſoins publics fuſſent long-tems pourvus, ou d'en faire de nouveaux, ſans recourir à des moyens violens, & toujours ruineux. Ainſi la force d'un Etat, relativement à ſes finances, conſiſte à ne rien exiger des Particuliers, que ſur le ſuperflu dont ils jouiſſent; &

plus il en reſtera aux particuliers, les beſoins publics ſatisfaits, plus les Finances offriront de reſſources, moins les évenemens extraordinaires affecteront la Société.

On doit compter, dans un Etat, ſept claſſes d'hommes, relativement au produit des Finances. La premiere comprend ceux qui vivent du produit des emplois religieux, civils & militaires; la ſeconde, ceux qui vivent du produit des terres; la troiſieme, ceux qui vivent du travail de la terre, pour la conſommation intérieure; la quatrieme, ceux qui vivent du travail de la terre qu'exige la conſommation extérieure; la cinquieme, ceux qui vivent de la consommation que font tous les habitans des productions de l'industrie; la sixieme, ceux qui vivent de la consommation que font les Etrangers des productions de cette même industrie ; la septieme enfin, ceux qui vivent du prêt de leur argent.

Dans un pays qui n'a point de mines d'or & d'argent, & où manqueroit la quatrieme & la sixieme classe d'habitans que nous venons de distinguer, le produit des Finances seroit uniquement assis sur le produit du commerce intérieur; c'est-à-dire, des échanges que les hommes font entr'eux. Le propriétaire des terres payera un salaire à tous ceux dont il aura besoin pour les cultiver ; il en payera à tous les ouvriers qui travailleront à ses maisons, qui l'habilleront, qui le meubleront, qui fourniront par leur industrie à tous ses goûts. Celui qui vit des emplois, & celui qui vit du prêt de son argent, payeront des salaires aux mêmes espéces d'artisans ; & en achetant les productions de la terre, dont ils ne peuvent se passer, ils rembourseront au Propriétaire une partie des salaires qu'il aura payés aux Cultivateurs. Les Artisans occupés par les trois classes de riches, & par celle des Cultivateurs, entretiendront eux-mêmes par leur consommations, d'autres ouvriers ; & tous payeront au Propriétaire de la terre, un tribut d'autant plus sûr, que la nécessité de leur subsistance en fera la répartition. L'abondance & le profit de ces échanges seront la mesure du superflu du peuple : moins les richesses seront partagées inégalement, plus la circulation sera abondante, & plus le produit des Finances sera considérable. Si la classe de ceux qui vivent des emplois, & celle des Rentiers, sont proportionellement plus nombreuses & plus riches, à raison de leur industrie, que les autres classes : comme elles subsistent uniquement par le travail de celles-ci ; c'est une eſpéce de premiere impoſition ſur tout le peuple, qui nuira néceſſairement à l'impoſition dont l'Etat a beſoin.

Dans tous les cas, les Finances du pays dont nous venons de parler, ſeront évidemment bornées au plus grand degré d'activité que pourront avoir les échanges entre les habitans; mais ſi nous y introduiſons la quatrieme & la ſixieme claſſe, le ſuperflu des ſujets augmente, les reſſources des Finances s'étendent à l'inſtant. Plus ces nouvelles claſſes ſeront nombreuſes, plus la ſomme du travail ſera forte; & plus la richeſſe nationale ſera grande.

Il eſt donc eſſentiel, pour

calculer la force & la reſſource des Finances d'un pays, de connoître la nature & l'étendue de ſon commerce avec les étrangers. En examinant la poſition de ce pays, celle des peuples avec leſquels il commerce, le caractere, les loix relatives au commerce, c'eſt-à-dire, les encouragemens, les facilités, les obſtacles ou les gênes qu'elles apportent à l'induſtrie ; on pourra juger des progrès qu'a fait le commerce, de ceux qu'il peut faire, des pertes qu'il a eſſuyées, ou du déclin qui le menace.

Ces détails ſont immenſes, ſans doute ; mais, ſans eux, on ne peut ſe flatter d'avoir une idée exacte de la force de l'Etat. Un ſeul exemple ſuffira, pour en découvrir l'importance. Suppoſons vingt mille familles occupées par le travail de la pêche deſtinée à la conſommation des Etrangers; il eſt évident que ſi vingt mille hommes, chez ces mêmes étrangers, viennent entreprendre cette même pêche, il y aura dans l'Etat un vuide, non-ſeulement du produit du travail de vingt mille hommes, mais encore de tous ceux qu'occupoit la conſommation intérieure de ces vingt mille habitans réduits à l'inaction, & ainſi de ſuite. Dès ce moment, le produit des Finances baiſſe; en peu de tems, la population & les forces maritimes doivent diminuer. La perte feroit plus grande encore, fi la pêche deftinée à la confommation intérieure, venoit à être troublée ou à tomber ; & fur-tout, fi fa chûte forçoit d'avoir recours aux pêcheurs étrangers. Suppofons, au contraire, que les colonies d'un Etat fe fortifient, & fe mettent en valeur ; qu'elles occafionnent un accroiffement dans la navigation, de cent bâtimens ; les forces maritimes, le travail de la métropole, augmentent en tout genre ; le produit des Finances hauffe, non-feulement en raifon de la nouvelle valeur apportée dans le commerce, mais beaucoup davantage; parce qu'un million de nouvelle valeur fait produire, en circulant dans l'Etat, plus d'un million d'autres nouvelles valeurs, par l'excédent de consommation ordinaire que font ceux qui ont gagné le premier, & ainsi de suite. Quelqu'un oseroit-il penser qu'il est indifférent à la politique, je ne dis pas seulement de connoître exactement les effets de pareils événemens, mais de les prévoir? Chaque jour le commerce des Etats éprouve de petites révolutions sourdes, soit d'accroissement soit de décroissement, qui forment enfin un tout considérable, & dont on n'eſt averti que par les effets.

Ceux qui veulent étudier la force d'un pays, doivent auſſi examiner la nature des impôts qui y ſont établis, & leur combinaiſon. Les ſources ſont la partie la plus profonde : ce n'eſt point aſſez de les connoître ces ſources ; il faut ſçavoir ſi l'on en tire ce qu'elles peuvent rendre ; ſi la maniere d'y penſer ne fruſtre point l'Etat d'une partie de ce qui lui appartient ; ſi 'on ne les tarit point, ou ſi un trop grand nombre de canaux ouverts au pied d'une même ſource, ne diminuent pas la force & l'utilité de chacun d'eux.

On connoît trois ſortes de taxes poſitives ; l'une ſur les immeubles ; la ſeconde ſur les perſonnes ; la troiſieme , ſur les conſommations forcées de denrées vendues par l'Etat, ou qui lui payent de gros droits. On connoît auſſi deux eſpeces d'impôts volontaires : l'un ſur les conſommations néceſſaires; l'autre ſur les conſommations ſuperflues. Il eſt impoſſible qu'une ſeule taxe faſſe contribuer également toutes les claſſes du peuple, puiſque leurs facultés ſont inégales ; mais ſi chacune de ces claſſes étoit ſoumiſe à toutes les manieres de contribuer, il ſeroit impoſſible que quelqu'un de ces impôts ne vînt à nuire à la perception des autres, à l'aiſance générale, & dès lors, aux reſſources publiques. La conſtitution politique, les préjugés, l'uſage ou l'ignorance peuvent empêcher que les claſſes les plus riches contribuent dans la même proportion que les autres ; ou bien ne permettront d'établir que des impôts généraux, qui tombent toujours principalement ſur les claſſes pauvres. Dans le premier cas, l'Etat ne jouit pas de toute ſa force ; dans le ſecond, la moindre augmentation produit la ſurcharge, le découragement, l'abandon du travail, & l'épuiſement des ſources. Celles-ci ne ſouffrent pas moins d'un impôt, dont la nature est d'arrêter la consommation, que d'un impôt trop fort, qui rend cette consommation impossible. Il est encore des moyens de faire à l'Etat un fonds sur la vanité & les préjugés des citoyens; mais ces moyens bons en eux-mêmes, peuvent quelquefois, s'ils sont portés à certains points, entraîner des abus funestes aux sources véritables de la Finance, & à la population.

En considérant sous ces aspects; les Finances d'un Etat, on parviendra à connoître sur quels fondemens est assise sa puissance; ce qui soutient ses avantages & ses prétentions au-dehors, ſi ſa proſpérité ſera durable, ſi ſes entrepriſes ſeront réglées ſur ſes facultés; s'il pourroit ſuffire aux dépenſes nouvelles que, dans certaines circonſtances, exigeroient ſa conſervation, ou ſon agrandiſſement. Des notions vagues ſont une bouſſole infidele, & l'exemple du paſſé n'apporte pas toujours une inſtruction ſolide : les variations ſont continuelles, ſoit dans les ſources des Finances, ſoit dans les principes de l'adminiſtration; les effets changent néceſſairement avec les cauſes.

L'uſage comprend encore, ſous ſa dénomination de Finance, le crédit public, qui n'eſt cependant qu'un moyen très-délicat de ſuppléer à la foibleſſe des Finances, & qui, pouſſé trop loin, parvient à les détruire. Plus le crédit de l'Etat lui a facilité d'emprunts, moins il lui en reſte à faire; mais le grand point eſt d'en déterminer à-peu-près la ſomme dans un cas de beſoin. Chaque pays a des principes de crédit public relatifs, ſoit à ſa conſtitution politique, ſoit à ſa conduite paſſée, qui peuvent influer ſur ſa durée; mais partout, la baſe d'un pareil calcul eſt la ſomme des impôts qu'il eſt poſſible de lever, ſans nuire à l'agriculture & au commerce. Si les ſources de la Finance peuvent s'accroître, les bornes du crédit s'éloignent ; & ces bornes ſe rapprochent, ſi les ſources de la Finance s'épuiſent. En général, toutes les fois que l'Etat emprunte, il augmente les avantages & le nombre de ceux qui vivent du prêt de leur argent, c'eſt-à-dire, aux dépens du Propriétaire des terres, du cultivateur & de l'artiſan. Mais la maniere d'emprunter peut augmenter ou diminuer ces avantages. Si l'emprunt a un terme, ſi le capital s'éteint annuellement, l'avantage du rentier ſur les autres claſſes diminue : les ſources de la Finance ſont mieux ménagées, le crédit conſerve plus d'étendue. L'emprunt perpétuel finit par la ſurcharge de l'impoſition, & par la chûte du crédit.

De tous les abus qui peuvent s'introduire dans l'adminiſtration intérieure d'un Etat, les plus difficiles à réformer, ſont, pour l'ordinaire, ceux des Finances. L'urgence du préſent ne permet pas ſouvent de former des calculs éloignés ; & les déſordres ruineux pour le public, tournent néceſſairement à l'avantage de quelques particuliers aſſez puiſſans pour s'oppoſer au bien, ou aſſez riches, pour acheter des Protecteurs. Dans ces circonſtances, ou bien l'étendue manque dans les vues de ceux qui gouvernent, ou bien leur ame n'eſt point remplie de cette impulſion divine qui nous porte à nous dévouer à la Patrie. Lorſque la Providence envoie dans les Etats de ces hommes rares, il eſt très-important d'ouvrir les yeux ſur toutes leurs opérations, parce qu'elles fixent en quelque façon, les principes ſur leſquels il eſt utile à l'Etat de ſe régler. A meſure qu'après eux, on s'y attache plus fidélement, ou qu'on s'en éloigne davantage, les calculs qu'on pourra établir, ſeront plus juſtes. Dans tous ces cas, il convient d'étudier non-ſeulement l'avantage & le déſavantage des méthodes pratiquées, mais la nature des principes que fui l'administration, afin de prévoir où elle conduira ; de remonter à l'origine des abus d'approfondir les moyens d'y remédier, parce qu'alors on sçaura, si l'exécution en est compatible avec les préjugés, les usages de la Nation, avec la constitution politique, & le génie des Ministres.

Cette esquisse suffit pour faire concevoir combien des faits stériles, dans des mains ordinaires, peuvent déveloper de conséquences lumineuses à un homme appliqué & intelligent & les personnes désintéressée avoueront de bonne foi, qu'on eſt hors d'état de parler ſûrement de la force d'un pays, où l'on a négligé les examens que je viens de propoſer.

Cet objet n'eſt pas le ſeul qui rende indiſpenſable à un Politique, l'étude du commerce & des finances. On vient de voir qu'on ne ſçait rien ſur cette derniere partie, ſi l'on ignore la premiere, puiſqu'elle en eſt la ſource; mais la connoiſſance du commerce en particulier, eſt d'un uſage continuel pour ceux qui ſont chargés des intérêts de leur pays chez les étrangers.

C'eſt le commerce qui conſtitue une partie de ces intérêts; il ſeroit abſurde d'imaginer qu'on puiſſe parler bien de ce qu'on n'entend point, ni conduire ſupérieurement une affaire dont on ne comprend même pas l'importance. Je ne parle pas uniquement des Traités de commerce ; ils exigent une juſteſſe, & une fineſſe particuliere de vues dans la diſcuſſion des intérêts réciproques, non-ſeulement des parties contractantes entre elles, mais ſouvent même avec d'autres ; il faut ſçavoir ce que l'on peut accorder, & comment on peut diſtinguer l'apparence de la réalité dans les équivalens que l'on doit obtenir ; connoître le cours ordinaire du commerce, prévoir les moyens de le tourner à ſon avantage, ou de l'étendre.

Les principes généraux dans cette matiere, conduiſent à une infinité de détails, dont on ne peut ſortir qu'avec une ſcience locale, & des combinaiſons méchaniques, trop peu familieres à un Miniſtre, pour n'avoir pas beſoin d'excellens guides; mais les principes & l'habitude de les appliquer aux détails qui ſe préſentent, lui indiqueront la route générale qu'il doit ſuivre; lui développeront l'importance des faits, & les ſuites qui doivent en réſulter pour l'Etat: ſans la connoiſſance politique du commerce, comment eſt-il poſſible de ſe faire une idée nette des objets qu'on doit examiner , d'étendre ſes vues , & ſe préparer des avantages ? Quelle eſpece de protection peut-on accorder aux Négocians qui attendent le beſoin pour la réclamer ? Sçaura-t-on même les queſtionner , les encourager , les raſſurer ? Quelle réponſe peut-on faire aux difficultés des Miniſtres à qui l'on demande , ou des graces , ou la jouiſſance d'un droit ? Quel parti eſt-on en état de prendre dans des cas preſſés & imprévus , ſur une infinité de points ? une inſtruction ne peut que tracer l'eſprit général de la conduite qu'on doit tenir ;

le

le zele, l'application & l'intelligence ſont cenſés y ſuppléer ; mais une expérience fâcheuſe nous apprend que l'activité des hommes ſe rebute facilement ſur les objets qui leur reprochent leur ignorance, & ſouvent la vanité les conduit à penſer qu'on peut les regarder avec indifférence.

C'eſt ſouvent chez les peuples avec leſquels on commerce le moins, qu'il convient de poſſéder le mieux la ſcience du commerce, ſoit pour trouver les moyens toujours difficiles de l'y établir, & par-là d'intéreſſer les ſujets à l'union des gouvernemens ; ſoit parce que ce ſont des concurrens dont on se passe, & qui, loin d'avoir des besoins, voudroient seuls pourvoir à ceux de l'Univers. Dans cette derniere hypothese sur-tout, il faut un usage continuel du calcul, afin de connoître la méthode employée par un peuple, pour supplanter ses rivaux dans chaque branche, le revenu qu'il tire de chacune, les ressources que l'Art & la Nature lui fournissent pour remplir ses desseins, les désavantages de sa position, les fautes qu'il fait. Ces recherches, d'autant plus épineuses, qu'on trouve moins de Négocians de sa nation, dont on puisse apprendre les détails, sont cependant indispenſables, pour ſavoir comment un peuple a gagné la ſupériorité ; comment il peut la conſerver ou la perdre, quelle conduite il convient de lui oppoſer pendant la guerre, ou pendant la paix, & principalement, pour ſavoir profiter de ces momens précieux & irréparables, où la prudence d'une nation s'endort quelquefois. On ne manque point de gens, dont les jugemens ſont aſſez légers, quoique prononcés dogmatiquement dans les affaires les plus ſérieuſes, pour croire que les choſes vont naturellement à leur but, & qu'il faut, ſans tant d'inquiétude, abandonner le commerce à ſon propre cours. Ces personnes ont raison, sans doute, d'imaginer que toutes choses tendent à l'équilibre ; mais le commerce ne s'y met pas pour cela, tant qu'il trouve des obstacles supérieurs. Comme l'eau qui suivoit sa pente, est souvent déterminée par une digue, à quitter son cours naturel : une liberté égale & générale dans tous les Etats, sans protection, ne feroit pas revivre également le commerce par-tout : parce que le degré d'industrie n'est point égal chez tous les hommes ; & que, moins un peuple a l'habitude du travail, plus il a besoin d'être fortement sollicité à travailler. Aussi tous les gouvernemens ont reconnu la nécessité d'exercer leur protection envers l'industrie des sujets ; tous d'abord, par excès de zele, ou par le défaut de réflexions, ont assujetti l'action du commerce à leur protection, les plus habiles sont parvenus par degrés à se contenter de guider, de soutenir, d'animer l'action du commerce.

Il convient donc nécessairement de connoître & de comparer les principes que suit chaque Etat, dans les loix qu'il dicte aux hommes industrieux, les avantages qu'il leur accorde, la chaleur qu'il apporte à soutenir leurs intérêts ; c'est sur ces parallèles exacts & médi-tés, que la politique pourra former des combinaisons. Si dans quelques occasions, l'activité d'un peuple a été plu forte que de mauvaises loix il n'en faut rien conclure, san avoir examiné les fautes qu ses rivaux ont faites dans l même tems; & il en résul tera toujours que cette activit mieux dirigée, eût eu des ef fets encore plus utiles.

Si j'ai réussi à démontrer qu l'étude du commerce & des fi nances doit occuper ceux qu entrent dans la carriere de l politique, il est naturel d'e conclure que l'homme d'Eta est certainement celui dont l coup d'œil juſte, prompt & déciſif embraſſe le plus d'objets à la fois. Celui qui veut mériter véritablement ce titre, doit poſſéder des principes certains & réfléchis ſur chacune des parties de l'adminiſtration, connoître nettement les principaux détails de chacune dans ſon propre pays, & dans les autres.

Il ſeroit auſſi peu sûr d'apprécier trop, que de ne pas priſer aſſez la puiſſance de ſes voiſins; on tomberoit dans de grandes fautes, ſoit en préſumant trop de ſes propres forces, ſoit en ignorant leur étendue. C'eſt pour éviter ces deux écueils, que le génie d'un Miniſtre enfante les expédiens; la variété de ses connoissances en indique la possibilité, & son jugement en dirige le choix. Mais, pour ne point sortir de notre objet, les connoissances économiques paroissent la base essentielle de tous les plans que peut former un homme d'Etat; car ni les nations, ni les particuliers ne peuvent entreprendre au-delà de leurs forces, sans s'exposer à la honte & à la ruine qui suivent l'exécution des desseins téméraires. Les loix du duel ne sont point celles de la politique d'un Etat ; il lui seroit même bien plus honorable de ne réclamer ses droits, qu'avec la certitude de les reprendre: que de précipiter une vengeance incertaine, & qui reculeroit peut-être plus long-tems ſes effets.

Si, à l'étendue du génie, néceſſaire pour concevoir un grand deſſein, on joint la connoiſſance des moyens de l'exécuter, on pourra en aſſigner le tems; les opérations qui doivent y concourir tendront toutes à un même but & au terme marqué, l'équité guidée par la prudence, ſera couronnée par la victoire.

Les moyens d'exécuter un grand deſſein, ſont principalement les reſſources intérieures d'un Etat; ſa population, ſon commerce, & ſes finances qui dérivent des deux autres;

ſon crédit qui ſuit aſſez exactement la proportion de ſes finances.

Par l'examen de ces moyens, on parvient à connoître de quels efforts extraordinaires l'Etat eſt capable ; pendant combien de tems il peut les ſoutenir ; à prévoir l'effet que produiront ces efforts ſur le corps politique ; ſi l'objet qu'on ſe propoſe l'en dédommagera réellement.

Le même examen ſur les reſſources intérieures des Etats, avec leſquels on a des différends à terminer par la force, eſt néceſſaire, pour établir une comparaiſon, dont dépendra une infinité de combinaiſons eſſentielles.

On pourra apprécier l'utilité des ſecours étrangers; les dommages reſpectifs que peut occaſionner la guerre; juſqu'à quel point les événemens heureux ou malheureux peuvent influer ſur les réſolutions des deux parties; le degré auquel la paix deviendra néceſſaire à l'un des deux; quels ſacrifices il ſera forcé de faire pour l'obtenir; ceux que l'on doit exiger pour ſa sûreté; enfin la proportion des reſſources réciproques pour ſe rétablir.

Toute entrepriſe qui ſe trouveroit dépourvue de ces conſidérations préliminaires, faites avec la profondeur & l'exactitude qu'on doit apporter dans ces matieres, ressembleroit moins à une démarche politique, qu'à l'emportement d'une passion aveugle.

Lors même que la justice & la bonne foi qui font le plus solide fondement de la réputation d'un Etat, ne lui permettent point de former des projets au dehors; sa conservation exige qu'il ait sans cesse les yeux ouverts sur ce qui se passe chez les voisins. L'équité des hommes n'est point assez sûre en général, pour se reposer sous son ombre ; l'homme d'Etat veille, & combine sans relâche les divers accroissemens de forces, que les arts de la paix apportent dans chaque Société ; il apprend les méthodes les plus propres à conserver ou à augmenter la proportion de celles dont son pays doit être revêtu. Egalement jaloux de repousser l'injustice, & de la fuir, il parvient par sa prudence & sa modération, à dégoûter ses rivaux d'une violence honteuse & inutile.

C'est par de semblables recherches qu'il pourra connoître & établir l'équilibre maritime si nécessaire à l'Europe, & qui semble ignoré d'elle, tandis qu'un vain phantôme d'équilibre sur terre lui a fait inutilement répandre des flots de sang. L'art de ceux qui se trouvoient intéressés à faire valoir le preſtige, pour détourner le yeux d'un objet plus réel, a réuſſi au point de faire oublie que l'équilibre ſur terre eſt inal- térable par ſa nature, puiſqu toute conquête capable de l rendre chancelant, réfroidi néceſſairement les alliés d conquérant, lui ſuſcite de nou- veaux ennemis, & les réuni tous contre lui. On n'envahi point les provinces, ſans u éclat qui porte au loin les al- larmes, & ſans des efforts qu conſument le vainqueur.

Mais, un deſpotiſme mari- time peut s'établir ſourdement ſur-tout s'il eſt favoriſé par l'in- dolence de ceux même aux- quels il prépare des fers; ſo invaſion eſt ſubite, impétueuſe; l'étendue de ſon empire en aſſure la durée; il le gouverne avec un ſceptre d'airain ; & les Nations étonnées réclament en vain des droits que la Nature leur avoit confiés pour un meilleur uſage.

Les combinaiſons formées pour la conſervation de la balance ſur terre, entre les Etats élevés ſur les débris de l'Empire des Romains, ont varié conſtamment, avec leurs poſitions différentes; à peine l'idée de l'équilibre maritime eſt-elle ébauchée, que notre politique moderne eſt au-deſſous de celle dont les petites Républiques de la Gréce nous ont donné l'exemple?

La connoiſſance ſeule du Commerce des divers peuples, peut aider à fixer les proportions de l'équilibre maritime. L'homme d'Etat calcule la portion de forces que le Commerce naturel doit communiquer à chacun d'eux ; il s'étudie à la lui conſerver, & même ſans ſe dépouiller indiſcrétement du néceſſaire ; il ſait modifier à propos les loix rigoureuſes de ſon propre intérêt, pour accroître la puiſſance des foibles, & les exciter plus vivement à la conſervation commune. C'eſt ainſi que les matelots de toute l'Europe gagnent par le commerce de la France ; au lieu qu'un acte de navigation sépare un peuple de tous les autres ; & s'il facilite les vues de son Commerce, par l'accroissement de sa marine, aussi-bien que par le déclin forcé de celle de tous les autres : il avertit au moins du danger commun, ceux qui sont capables de connoître leurs véritables intérêts.

Peu de personnes refuseront de convenir de l'utilité des études dans les matieres économiques ; mais quelques-unes effrayées de la multitude des connoissances que je semble exiger, croiront peut-être qu'il est impossible de les rassembler, & que la préférence est dûe aux plus éclatantes. Il est bon d'obſerver d'abord que cet éclat que nous recherchons en toutes choſes, préférablement au ſolide, ne réuſſit qu'auprès de la multitude. Elle n'a point d'intérêt à voir plus qu'on ne lui montre ; elle ne s'en donne ni le tems ni la peine ; & ſes ſuffrages ne contribuent point à la ſatisfaction intérieure de celui qui les reçoit. Dans les affaires, au contraire, les hommes ſont jugés ſur le fond & ſur les œuvres. Que ſerviroit à un Magiſtrat la connoiſſance du droit Romain, des loix des Francs & des Lombards, s'il appliquoit ſes principes ſans juſteſſe ; s'il ignoroit la Coutume des parties qu'il juge. On doit donc établir pour principe, que dans une ſcience, même la plus étendue, telle que celle de la politique, la conſidération & la réputation des demi-Sçavans ne peut être médiocre.

Mais, la premiere partie de l'objection, ſur l'impoſſibilité de réunir tant de connoiſſances diverſes, eſt la plus intéreſſante. On doit avouer que l'entrepriſe a des difficultés, comme toutes celles qui ſont glorieuſes : cependant, le préjugé ſeul nous la peint impoſſible, & l'expérience de tous les pays le dément. C'eſt dans les défauts de notre éducation, que nous devons le plus ſouvent chercher les cauſes d'un ſemblable découragement. Je ne parle point de celle que nous recevons dans l'enfance qui en général, ne peut être plus mauvaiſe ; mais de celle que nous nous donnons à nous-mêmes, lorſque nous avons choiſi un état. Pour la plûpart des hommes, cette deſtination n'eſt qu'un métier de famille ou de routine. Les premieres années ſont employées à forcer la nature, pour faire goûter le ridicule, & parvenir à en donner l'exemple. L'ambition ſuccede immédiatement à la frivolité ; on ſe hâte de couvrir des mœurs dépravées, une imagination déréglée, une pareſſe d'ame tournée en habitude, d'une einte légere d'études mal dirigées. On forme auſſi-tôt des prétentions ; l'intrigue en eſt l'appui : elle acheve de conſommer le peu de tems qu'on auroit pu donner à régler ſon eſprit, à meubler ſa mémoire.

Si, au contraire, on s'appliquoit de bonne heure à partager ſon tems entre les amuſemens modérés de la Société, & l'étude des premiers principes de toutes les connoiſſances dont on doit faire un fond : ſi l'on fréquentoit les perſonnes dont la converſation peut être inſtructive ; ſi le deſir d'apprendre formoit l'habitude inſenſible de réfléchir ſur toutes les choſes que l'on voit, d'en chercher les causes & les effets, on se trouveroit imperceptiblement, & sans efforts, dans la route qu mène au grand. Le point capital pour ceux qui doivent réunir plusieurs parties, c'est de les réunir dans un bon ordre, & de distinguer celles qu'ils doivent approfondir, de celles dont ils peuvent se contenter d'avoir une idée nette. Pour se la procurer, il convient de marcher droit aux grands principes, d'en faire quelques applications sur les détails, pour en comprendre la force & l'étendue; d'en suivre les conséquences & l'enchaînement général, toujours relativement à l'Etat.

Cette méthode exige bien

moins de tems, que d'application & de suite dans les idées. A mesure qu'une connoissance est acquise, on passe à une autre, & lorsqu'elles ont des rapports, on les cherche, on les combine; on parvient à les fixer dans son esprit, de maniere qu'ils y soient toujours présens. Il est possible, mais long, de remonter du particulier au général; les circonstances varient à l'infini; la maxime que l'on s'est proposée dans une occasion, devient insuffisante dans une autre; parce qu'on ne voit jamais qu'une seule chose à la fois. Au contraire, en descendant toujours du général au particulier, on est sûr de ne rien oublier, & d'embrasser du même coup d'œil toutes les faces de l'objet qu'on se propose d'examiner.

Il faut avouer que rien n'est plus propre à former des sujets à l'Etat, & n'abrege plus les difficultés du travail, que l'usage de traiter en public les matieres économiques. A mesure qu'une science devient plus commune, elle se réduit pour ainsi dire, & se dépouille de cet air sauvage ou embarrassé dont elle paroît revêtue dans les commencemens. La raison en est facile à donner. Cette science devient un objet de la conversation conversſation qui n'admet que des idées ſimples, mais lumineuſes ; les vrais principes étant une fois reconnus & reçus, la difficulté toujours épineuſe de les établir ſe trouve épargnée.

Il eſt d'expérience qu'une Nation éclairée eſt plus facile à bien gouverner ; & ſi la lumiere ne diſſipe pas les paſſions ni les intérêts particuliers, au moins elle gêne, & les réduit, ou à ſe taire, ou à diminuer leurs prétentions injuſtes. On ne peut pas dire non plus qu'il ſoit dangereux d'éclairer, par des écrits politiques, les Etrangers ſur des objets dont ils ne peuvent troubler l'ordre : l'attention qu'ils peuvent faire à ces ſortes d'écrits, ſera moins à craindre, à meſure que l'adminiſtration y en apportera davantage.

L'excès de la gêne & de la liberté de la preſſe peuvent également produire, & nourrir cette licence odieuſe qui fuit par-tout le grand jour, & qui trouve, quand elle veut, où préparer ſes poiſons dans l'obſcurité. Il eſt aiſé de remarquer que cet eſprit mépriſable eſt incompatible avec l'étude & l'amour des matieres utiles à l'humanité : une ſage liberté de les traiter éleve l'ame des

Ecrivains qui s'en occupent, & comme ils ne peuvent être animés par aucun autre motif que le ſervice du Prince, & leur Patrie, ils ſçavent ſe tenir dans les bornes du reſpect & de la ſoumiſſion dûs aux Magiſtrats.

*FIN.*

www.ingramcontent.com/pod-product-compliance
Ingram Content Group UK Ltd.
Pitfield, Milton Keynes, MK11 3LW, UK
UKHW022118260726
13993UKWH00003B/1103